laGalera

Mi hermana Aixa

MERI TORRAS

Ilustraciones:
MIKEL VALVERDE

Primera edición:
Agosto de 1999

Primera edición en esta colección:
Enero de 2006

Diseño gráfico del interior: clase
Diseño gráfico de la portada: Cass

Maquetación: Montserrat Estévez

Edición: David Monserrat

Coordinación editorial: Laura Espot

Dirección editorial: Lara Toro

Círculo de Lectores (Societat Unipersonal)
Travessera de Gràcia, 47-49, 08021 Barcelona
www.circulolectores.com

La Galera, SA Editorial
Josep Pla, 95 – 08019 Barcelona
www.editorial-lagalera.com
lagalera@grec.com

Impreso en Índice, S.L.
Fluvià, 81 – 08019 Barcelona

Depósito Legal: B-48.383-2005
Impreso en la UE
ISBN: 84-246-2176-X

Para Arnau, que está a punto de llegar
y no sabe nada de las minas antipersonas.

Ya sé que cuando nos mandan hacer una redacción es porque estamos en la clase de lengua y no en la de ciencias naturales, pero ayer, cuando hablamos de la reproducción, yo tenía una pregunta, aunque como se acercaba la hora del recreo y todo el mundo se enfada contigo y te llaman pelota (y cosas peores que no puedo escribir porque no las encuentro en el diccionario y no sé si haría faltas de ortografía), preferí callarme.

Pero hoy, como tengo que escribir esta redacción de tema libre, me gustaría hablar de mi hermana. Cuando papá y mamá me dijeron que iba a tener una hermanita me hizo mucha ilusión, es verdad, pero no pasó aquello de que a mi madre le creciera la barriga ni nada de nada. Cuando nací yo sí... Bueno, no me acuerdo, pero tía Sonia me ha enseñado fotografías de mi madre con una barriga

enorme y después normal, conmigo en los brazos. Mi tía asegura que era una verdadera monada y yo no sé exactamente qué significa *monada*, pero cuando me veo me encuentro bastante feo, parezco una rana y tengo los pies redondos.

Aixa no; Aixa no salió de la barriga de mamá: ella vino en avión desde África. Me parece muy injusto porque yo, que soy mayor, no he volado nunca y ella, en cambio, sí... aunque me jura que no se acuerda. Esto sucedió hace dos veranos y papá y mamá mc han prometido que el

próximo mes de julio iremos los cuatro, en avión, de vacaciones a un lugar que se llama Mallorca. Esta mañana le he preguntado a mamá si podría bañarme y me ha dicho que no me preocupe, que en una isla, vaya hacia donde vaya, siempre que lo haga en línea recta, encontraré el mar... De verdad que quien se inventó las islas tuvo una idea brillante.

A mí me gusta mucho nadar, a Aixa también; pero ella no avanza tan rápido como yo porque es pequeña y porque con una sola pierna es más difícil. Lo sé porque un día, en la piscina, lo probé y me hundía... ¡Tragué tanta agua! Después, a la hora de la cena, la barriga no paraba de hacerme ruidos muy raros todo el rato y Aixa y papá se desternillaban de risa. A veces hago tonterías adrede para que se rían y mamá, que en el fondo también se muere de risa pero se la aguanta, dice que soy un sinvergüenza y que cuando sea mayor seré payaso. Creo que me gus-

taría bastante aunque también quiero ser médico. Un día mastiqué un paquete entero de cinco chicles a la vez e hice un globo tan grande que cuando explotó se me quedó pegado en el pelo y tuvieron que cortarme el flequillo. Esa vez mi madre no se aguantó la risa, sino que se enfadó mucho, muchísimo, y de verdad porque a la mañana siguiente mi prima Elisabet hacía la comunión. Aixa no sabía hacer globos y he tenido que enseñarle, pero por ahora aún le salen pequeñitos y le explotan enseguida. Tiene el flequillo intacto.

En hacer globos gano yo, pero en puntería no. En el colegio, cuando salimos al patio, hacemos concursos. Ninguna niña y ningún niño ha conseguido jamás vencer a mi hermana. Es la campeona absoluta. A mí me ha contado algunos trucos: escoger bien las piedras o cerrar un ojo, así, y estirar el brazo antes de lanzar pa-

ra calcular la trayectoria imaginaria del proyectil. Funciona, porque estoy a punto de ganar a Esteban, que era el mejor antes de que llegara Aixa. Él está un poco mosqueado y cuando pierde se pone a gritar: «Arnau es un tramposo porque Aixa es su hermana». ¿Y qué? Aunque en casa entrenemos, eso no es trampa, ¿no?

Durante el recreo, sobre todo los días que llueve, mi hermana siempre consigue golosinas, cromos o, incluso, trozos enormes de desayuno (bocadillos más buenos que los de mamá, que siempre son de pavo y queso de bola), porque se los dan los niños y las niñas a cambio de que les enseñe la herida. Cuando lo hace voy yo y, como ya se la he visto muchas veces, vigilo que nadie mire sin que Aixa quiera. Los dos nos reímos de las caras de miedo y de asco que ponen y, una vez, incluso Joaquín, que es mayor porque es repetidor, se mareó cuando Aixa le enseñó la pierna cortada y tuvieron que llevárselo a la enfermería. Mientras se toca las ci-

catrices ella les dice que ahora ya no le duele, que sólo le pica un poco, y contesta sonriendo a todas las preguntas que le hacen; pero un día, en casa, me contó que sintió un dolor muy fuerte y al acordarse le cayeron algunas lágrimas, pocas. Nunca más la he visto llorar. Me parece que es por eso que a ella ya no le dan miedo las inyecciones y, en cambio, yo todavía muchas veces lloro si me tienen que pinchar y prefiero tomarme un jarabe, por muy amargo que sea. Quien inventó las minas antipersona no tuvo una idea brillante, pero quien inventó las inyecciones tampoco.

Joaquín es buen chaval, sólo que un poco chulillo y muy creído. Dice que es el mejor portero del colegio, pero la verdad es que, como es alto y gordo, tapa casi toda la portería y es muy difícil encontrar un hueco. Un día Aixa le marcó un gol y él lloró de rabia, se revolcó por el suelo y hasta le salió espuma por

la boca. Me dio pena porque no se lo esperaba, pero mi hermana, aunque no corra mucho, ¡tiene un chute poderoso! Si me toca ser capitán la escojo de los primeros, le doy pases muy buenos y ella controla el balón con las muletas, se lo prepara y chuta colocado. Lo hace superrápido, es muy hábil. Por eso, desde ese

día, Joaquín siempre quiere estar en su equipo y si ella marca gol sale de la portería para abrazarla y celebrarlo... Dice que se tira a la piscina, pero en realidad no resbala para nada, más bien cae al sue-

lo como un plomo. Me parece que es una excusa y que en verdad le gusta mi hermana, aunque Aixa dice que no, que no son *novios* ni nada, que es porque ella juega bien y ya está.

Y vaya si juega bien... y que espabilen, porque mamá nos ha contado un secreto. Me ha dicho que no vaya diciéndolo por ahí, pero supongo que con las maestras no importa y no pasa nada si lo escribo aquí… Si es una redacción de tema libre puedo escribir sobre lo que me apetezca, ¿no? Parece que, cuando volvamos de Mallorca, a Aixa le pondrán una pierna mecánica especial y que, si quiere, ya no tendrá que usar las muletas nunca más en la vida; bueno, sólo cuando se la quite, supongo. Yo ya me imaginaba algo porque hace un par de semanas vino a casa

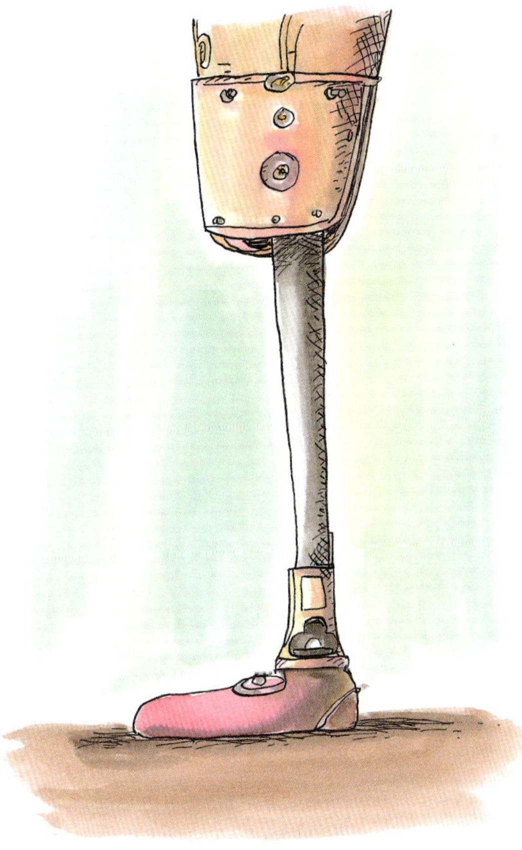

un señor extranjero, que hablaba inglés con mis padres y por eso no pude entender bien lo que decían, solamente algunas palabras como *well*, *girl* o *thank you* y algunas más de las que ahora no me acuerdo. La cuestión es que le tomó las medidas a mi hermana, tanto de la pierna entera como de la que le tuvieron que cortar, que es la izquierda.

Al cabo de dos días, Aixa fue al hospital y me contó que aquel señor extranjero (que ella llama el Hombre-de-algodón, porque tiene la piel y el pelo completamente blancos) también estaba. Con la bata blanca, Aixa dice que parecía una bombilla encendida. Lástima que yo me lo perdí, no me dejaron acompañarla por-

que tenía que ir al colegio: los jueves por la tarde tengo gimnasia y música. Cuando mamá y papá me contaron que además del señor Bombilla-de-algodón también había una periodista, que no me acuerdo cómo se llama pero sale todos los sábados después del telediario, me enfadé porque yo también quería que los de la televisión me filmaran. Es el sueño de mi vida. Me dijeron que no me preocupara, que la periodista está preparando un programa especial sobre mi hermana y otros niños y niñas como ella, a los que también les explotó una mina y ahora viven lejos del país donde nacieron, como por ejemplo en Barcelona, y con hermanos nuevos, como por ejemplo yo: o sea, que también me harán preguntas en la tele. Además, Aixa me ha dicho que si no nos filman a los dos ella tampoco querrá salir, ni para enseñar la pierna nueva y, claro, tendrán que hacerle caso porque es una de las protagonistas.

Ayer mamá me mostró un folleto donde aparecían un montón de fotografías de cómo va a ser la pierna nueva de mi hermana. Es una pasada; Aixa dice que nunca ha visto una así. La que tiene ahora es de hierro cubierto de plástico y con un pie negro al final, más oscuro que la piel de Aixa, que es del color de aquellos caramelos tan dulces que te los comes y se te pegan a los dientes de arriba y a los de abajo a la vez y no puedes abrir la boca. Le diré al señor Bombilla-de-algodón, que es el inventor de la pierna, que se fije bien en el color del pie de Aixa, porque a nadie le gusta tener un pie de cada color, aunque mi hermana está tan contenta que puede que en esta ocasión le dé igual.

Por tercera vez en su vida tendrá que aprender a andar, pero dice que no le da pereza porque podrá marcar más goles, podrá ir en bicicleta de verdad, pedaleando y no empujándose con las muletas, sin que nadie la sujete por detrás. Le prometo que le enseñaré a mantener el equilibrio. Me pregunta si le dejaré mi bicicleta. Le digo que sí y pienso que a lo mejor, si rompo la hucha, tendré suficiente dinero para regalarle una nueva. Se la compraré azul oscuro, brillante, que es su color preferido, con marchas.

Así podrá correr, podrá ir más y más lejos, quizá hasta África... Y yo estaré junto a ella.

LA FUNDACIÓN PAX
Y LAS MINAS ANTIPERSONA

¿Qué son las minas antipersona?

Son artefactos explosivos destinados a herir e incapacitar las víctimas, especialmente entre la población civil. Su objetivo es especialmente maléfico, porque, además del dolor y la amputación, causan graves perjuicios económicos y sociales a todo el país. Están diseñadas para activarse con la presión de un peso muy ligero (muchos afectados son niños y niñas) y estallan cuando son pisadas. Producen la amputación del pie o la pierna que las acciona y provocan lesiones graves en la otra pierna, en los genitales, e incluso en los brazos. Las hay diseñadas en forma de juguete con colores llamativos precisamente para atraer a la población infantil.

Situación actual

Los principales países productores de minas antipersona son los Estados Unidos, China, Rusia, Israel, etc. Los países más afectados son los que han vivido periodos bélicos, como Camboya, Angola, Bosnia-Herzegovina, Afganistán, El Salvador, Nicaragua...

En Colombia, por ejemplo, cada mes mueren seis niños o quedan mutilados. En Angola, la ONG británica MAG ha desactivado más de ocho mil minas en el sur del país, y han sido necesarios seis meses para limpiar una zona de 55 km^2; Cien personas mueren o quedan heridas cada mes. En Bosnia, en los últimos diez años, han muerto mil trescientas personas. En Vietnam, cada año mueren o resultan heridas dos mil personas. En Afganistán, en los últimos cuatro años las minas antipersona han matado unas tres mil personas. Colocar una mina antipersona tiene un coste aproximado de 1,8 euros, pero desactivarla cuesta unos 718 euros.

La Fundación PAX

La Fundación PAX se encarga de gestionar el traslado de los niños víctimas de una mina antipersona hacia Barcelona para su rehabilitación en el Hospital de Sant Pau o en otro centro hospitalario, bajo la supervisión de este hospital.

Otros objetivos de la fundación son:

- Acogida, asistencia y rehabilitación de los niños y niñas menores de 16 años, víctimas de las minas antipersona, de actos bélicos o violentos.
- La creación de un archivo documental de datos y de biblioteca, relativos a este objetivo.
- La organización de seminarios temáticos para médicos y estudiantes de medicina, de rehabilitación, de medicina de guerra y colocación de prótesis a las víctimas.
- Información pública de las medidas preventivas para evitar los daños de las minas antipersonas y los conflictos bélicos.

– Celebración de exposiciones fotográficas, conferencias y reuniones internacionales.
– Intercambio de estudiantes con otros centros de actividad similar.

Una de las primeras acciones que llevó a término la Fundación PAX fue en noviembre de 2004, cuando llegaron a Barcelona un grupo de tres niños procedentes de Angola. Los tres tenían una extremidad inferior amputada y se les realizó la implantación de una prótesis y una recuperación que les permitió, al cabo de nueve semanas, volver a su país de origen con más posibilidades de realizarse.

Otros títulos de la colección

A partir de 8 años (serie roja)

1. **La brujita Teresita**
   Josep Gregori
6. **La tarta voladora**
   Gianni Rodari
8. **El zoo de Pitus**
   Sebastià Sorribas
13. **Los siete enigmas del Iris**
   Mercè Canela Garayoa
16. **¡Qué zambombazo!**
   Enric Bayé
21. **¡No hay derecho!**
   Susie Morgenstern
22. **El trajín de Boli**
   Rosa Maria Sánchez Lledó
26. **Estrella de Cacao**
   Pierre Heuer
44. **Cuentos largos como una sonrisa**
   Gianni Rodari
63. **Si no fuera por la nariz...**
   Jaume Cela
69. **¡De cine, Teresita!**
   Josep Gregori
73. **¡Música, maestro!**
   Miquel Desclot

A partir de 10 años (serie verde)

3. **Las gafas mágicas**
   M. Àngels Gardella
4. **Polvorón**
   Josep Vallverdú
10. **Utinghami, el rey de la niebla**
   Mercè Canela Garayoa
11. **Las aventuras de Tonino el invisible**
   Gianni Rodari
14. **Ladrones de caballos**
   Josep Vallverdú
15. **Un montón de problemas**
   Andrew Matthews
18. **Atalanta**
   Gianni Rodari
23. **Ostadar**
   Pau Joan Hernàndez
24. **La magia de Mercuria**
   Rosa-Maria Colom
25. **Como perro y gato**
   Carmen Fernández Villabol
27. **Esto que ves es el mar**
   Gabriel Janer Manila
28. **La quinta gracia de Navapelada**
   Sebastià Sorribas
35. **La citación**
   Javier López Rodríguez
38. **Míster Majeika**
   Humphrey Carpenter
39. **Míster Majeika y la profesora de música**
   Humphrey Carpenter
70. **La guerra de los chicles**
   Jordi Folck

Otros títulos de la colección

A partir de 12 años (serie azul)

2. **El mandarín**
   Rosa-Maria Colom
5. **El maravilloso viaje de Nico Huehuetl a través de México**
   Anna Murià
7. **Tercer trimestre turbulento**
   Gene Kemp
9. **El verano de los cisnes**
   Betsy Byars
12. **Una casa a la deriva**
   Jesús Ballaz Zabalza
17. **Mi padre vive en Brasil**
   Thea Beckman
19. **El hijo de la lluvia de oro**
   Josep Vallverdú
20. **No me llames Pedro**
   Emili Teixidor
29. **Un caballo contra Roma**
   Josep Vallverdú
30. **El alcalde Chatarra**
   Josep Vallverdú
32. **La casa de las alas**
   Betsy Byars
34. **La puerta en el aire**
   Margaret Mahy
37. **El bosque de colores**
   Milo J. Krmpotic
41. **El príncipe Alí**
   Emili Teixidor
55. **Diego, Berta y la máquina de rizar niebla**
   Emili Teixidor
56. **El jugador de frontón**
   Aro Sáinz de la Maza
64. **El anticlub**
   Àngel Burgas

A partir de 14 años (serie amarilla)

33. **Los años Trasluz**
   Fidel del Castillo
36. **Inventarse un amigo**
   Enrique Pérez
40. **La mirada de la Luna**
   Jaume Cela i Ollé
42. **Concierto en sol mayor**
   Jordi Sierra i Fabra
43. **Cuervos**
   Antoni García Llorca
46. **La maldición de los Da**
   Josep Lorman